Linguagem e psicanálise

PSICANÁLISE PASSO-A-PASSO
Direção: Marco Antonio Coutinho Jorge

Ver lista de títulos no final do volume

Leila Longo

Linguagem e psicanálise

2ª edição

ZAHAR

Jorge Zahar Editor Ltda.
rua Marquês de S. Vicente 99 — 1º | 22451-041 Rio de Janeiro, RJ
tel (21) 2529-4750 | fax (21) 2529-4787
editora@zahar.com.br | www.zahar.com.br

Edição anterior: 2006

Preparação de originais: Luciana Aché
Revisão tipográfica: Eduardo Monteiro e Henrique Tarnapolsky
Composição: TopTextos Edições Gráficas Ltda.
Capa: Sérgio Campante

CIP-Brasil. Catalogação-na-fonte
Sindicato Nacional dos Editores de Livros, RJ

Longo, Leila
L845L Linguagem e psicanálise / Leila Longo. — 2.ed — Rio
2.ed de Janeiro: Zahar, 2011.
(Passo-a-passo, 64)

Contém cronologia e glossário
Inclui bibliografia
ISBN 978-85-378-0612-8

1. Psicolingüística. 2. Linguagem e línguas. 3. Psicanálise. I. Título. II. Série.

CDD: 150.195
11-5482 CDU: 159.964.2

Sumário

Introdução

A linguagem e a psicanálise são domínios tão contíguos que não é tarefa simples estabelecer um limite entre os dois campos, separados pela mais porosa das fronteiras. A passagem de uma para outra está sempre aberta, basta seguir as fendas do caminho. É o que faremos aqui.

A linguagem humana é o termo *entre* o eu e o outro. Entre o sujeito que fala e seu ouvinte existe um anteparo, uma proteção, uma espécie de muralha que se ergue, mesmo quando há silêncio. Entre dois seres humanos existe sempre a muralha da linguagem.

Nada há no mundo que não participe da linguagem: a realidade se expressa na palavra e só existe na medida em que se possa dizê-la. A linguagem tem uma existência dinâmica, está em permanente processo de criação por sua multidão de falantes — as forças vivas dos sujeitos que reagem contra a coisificação da linguagem. Essas forças não estão presentes apenas nos poetas, estão enraizadas nas falas de todos.

Os fenômenos simbólicos, como os da linguagem, são fundamentais à vida do espírito e estão relacionados ao inconsciente — a extraordinária revelação de Freud. Por meio da linguagem, a incansável insistência de fazer sentido ancora-se por um tempo, ainda que precariamente. Por meio dela, podemos dotar de significação o mundo e a natureza, ambos de existência enigmática e absurda, pois não são criações humanas.

E, quaisquer que tenham sido o momento e as circunstâncias de seu aparecimento na escala da vida animal, a linguagem deve ter nascido de uma só vez. É pouco provável que as coisas tenham passado a significar progressivamente; o mais plausível é que, após uma transformação (cujo estudo não compete às ciências da linguagem, à psicanálise ou às ciências sociais, mas à biologia), tenha sido efetuada uma passagem de um estágio em que nada tinha sentido a um outro em que tudo tinha sentido.

Esta mudança radical não tem contrapartida no domínio do conhecimento, o qual se elabora lenta e progressivamente. Por isso mesmo, é importante ressaltar que, ainda que tenha havido um momento em que todo o Universo, de um só golpe, tornou-se significativo, ele não se tornou por isso mais bem conhecido. Mesmo que, certamente, o aparecimento da linguagem tenha precipitado o ritmo do desenvolvimento do conhecimento, há uma oposição fundamental, na história do espírito humano, entre o simbolismo, que oferece um caráter de descontinuidade, e o conhecimento, marcado pela continuidade.

O conhecimento é o processo intelectual que permite identificar, pela relação dos fatos uns com os outros, certos aspectos da significação, e só marchou muito lentamente. Tudo se passou como se a humanidade tivesse conquistado, de uma só vez, um imenso domínio e seu plano detalhado, com a noção de relação recíproca de ambos, mas tivesse passado milênios para aprender que símbolos determinados do plano representavam os diferentes aspectos do domínio.

O Universo significou muito antes de se saber o que ele significava. O que se chama progresso do espírito humano, o progresso do conhecimento científico, só pode consistir em retificar fendas, definir pertinências e descobrir recursos novos.

A língua, a linguagem, o símbolo. O homem, desde sempre, foi obrigado a alojar sua fala e seu pensamento na linguagem. Entretanto, pensamento e linguagem são matérias de ordens diferentes.

A capacidade humana para criar a linguagem se realiza na língua de uma comunidade lingüística específica. O sujeito utiliza essa língua em sua fala (ou discurso) individual. Dada sua origem comunitária, a fala de um sujeito é necessariamente vascularizada pelas vozes da cultura de que faz parte, dentro de uma sincronia em constante mutação, sem jamais atingir o equilíbrio ou o ponto ideal — que só poderia ser mítico.

A linguagem é sempre descontínua em relação à realidade, não é uma entidade geradora de significados definitivos. Além disso, o sujeito que a produz é um efeito de linguagem, uma reverberação, um precipitado na ordem do discurso, do qual não é mestre. Nas palavras de Jacques Lacan, "enquanto é linguagem humana, nunca há univocidade do símbolo ... a linguagem não é feita para designar coisas ... há um logro estrutural da linguagem humana, neste logro está fundada a verificação de toda a verdade".

O logro estrutural da linguagem humana consiste em sua estrutura de rombo, análoga à do sujeito que a criou. Por isso mesmo, na constituição das chamadas línguas naturais (português, francês, inglês etc.) há sempre três elementos: EU (o sujeito que fala), TU (seu ouvinte) e ELE (o assunto de que se fala). Este último aponta para a simbolização inerente à existência da linguagem; a simbolização que está no lugar de uma ausência, da falta que também é do sujeito que fala.

Em outros termos, as línguas naturais são de ordem ternária, inscrita na condição de ser falante e imanente ao ato de falar. A ordem ternária é justamente a possibilidade de existência das três pessoas do discurso (eu, tu, ele), que representam o liame social mínimo, pois sem o ternário não há socialização. Ele é a representação da ausência, a estrutura de rombo da linguagem, constituída pela comunidade de falantes.

Analogamente, a ordem *unária* é a do registro do inconsciente, tal como descrito por Freud: no inconsciente, tudo é possível, não existe contradição, é tautológico, não há diferença entre verdadeiro e falso; o inconsciente conserva o termo que exclui, é auto-referencial e irrompe nas formações do inconsciente que aparecem no consciente (atos falhos, chistes, sonhos e sintoma). Os enunciados do unário não são organizados como alteridade e como relação de causa e efeito. Como faltam dados à explicação linear causal, surge o não-senso; por isso os temas do inconsciente sempre se repetem. A ordem do unário é a lógica do não-saber, do paradoxo, da errância da verdade e de qualquer simetria. O unário, contraditório por princípio, se configurará privilegiadamente na arte. Ele funciona na lógica da multiplicidade, campo da conjunção aditiva inclusiva, do ser *e* não ser simultaneamente, na possibilidade de transição de um lado a outro — esse é o campo do simbólico inconsciente.

Já a ordem *binária* evita o excesso, a desordem (a falta de causalidade) e o movimento — enfim, a dinâmica da própria existência. É a lógica do ser *ou* não ser, campo da conjunção alternativa exclusiva, fato que exclui a contradição. A ciência, sensata, expulsa o unário de suas considerações quando simetriza as diferenças, tornando a realidade mistificadoramente organizada e, assim, binária. Esse é o campo do imaginário — da imagem que aparentemente se encaixa com a realidade — e dos nossos computadores, que funcionam binariamente: um sentido para cada sinal e vice-versa, eliminando a possibilidade de equívoco.

Pelo pânico do caos, que causa enorme desconforto, essa ordem binária se impõe, necessariamente. No consciente, a *inteligência* é uma instância que "vive de plantão", que nunca descansa: ela formula juízos, aponta as identidades, analogias, causalidades, organiza o caos, faz conexões. Se a inteligência não encontrar as conexões que exige, não hesitará em fabricar uma falsa.

O *pensamento*, ao contrário da inteligência, não vive de plantão. Ele é uma faculdade que nos acontece tão-somente quando é provocado, quando há um estranhamento em relação ao mundo, quando os dados da realidade produzem equívoco e desconcerto. Caso a falsa conexão produzida pela inteligência não causar estranhamento, o pensamento não é ativado. O pensamento surge do caos, da desorganização que provoca desconforto. Por isso mesmo, para o pensamento poder pensar o caos, ele precisa recusar a organização da inteligência.

O pensamento e a linguagem são diferentes. Contudo, é na linguagem que o homem encontra as significações, embora precárias, que o protegerão contra o excesso de realidade de um mundo que existe antes da linguagem, pois o mundo e a natureza são estranhos e absurdos para o homem, até que possam se aproximar de nós pela mediação simbólica da linguagem que irá, então, modelar de sentido a realidade.

A natureza e os animais não exigem sentido. O homem, ser de linguagem, o exige, ainda que falso. Pouco importa. Por meio da linguagem, a pressão pela significação encontra ancoramento: a urgência do sentido tem como corolário a criação de inúmeros sistemas simbólicos, fazendo da linguagem a forma mais humana de apreensão do mundo.

Desta forma, o homem pode dar corpo às suas fantasias, sonhos e medos, e se aproxima do conhecimento de si mesmo, para o qual é incessantemente convocado. Portanto, a reflexão sobre a linguagem — e sobre o discurso — que lança luz e redimensiona continuamente o conhecimento do homem.

A aquisição da linguagem: a via da comunicação simbólica. O homem, hoje se sabe, é programado geneticamente para a aquisição da linguagem (para a simbolização) e para o aprendizado de uma língua — ou mais línguas, se for necessário, se ele desejar etc. Ao chegar ao mundo, a criança "pega o bonde andando" em relação à linguagem: todos falam à sua volta, entre si e com a própria criança, e sua aprendizagem da língua se dá sem nenhum método especial, sem nenhuma organização ou hierarquia de dificuldades. Há quebras de ritmos, interrupções, mudanças de plano e assunto, mas basta ouvir a língua falada por algum tempo que ela aprende a falar.

Quando da aprendizagem da língua materna (i.e., a primeira língua que se aprende), com a simples exposição à língua, um mecanismo já programado antes de a criança nascer é acionado e o complexo processo de aquisição da linguagem acontece naturalmente, sem que a criança se dê conta. E, como o homem é vocacionado para a linguagem, a aprendizagem da língua independe de maior ou menor inteligência por parte do aprendiz.

Sem exposição a alguma língua, não aprendemos a falar. As crianças surdas, simbólicas que são, comunicam-se por meio de outros sistemas — a linguagem dos sinais, por exemplo —, mas nada as impede de, mais tarde, ao aprenderem a linguagem verbal, produzirem sons e assim se comunicarem com os falantes que não conhecem a linguagem dos sinais.

(Há crianças que, expostas desde muito cedo a duas ou mais línguas, aprendem-nas simultaneamente; por outro lado, há crianças que, igualmente expostas, não conseguem fazer isso, por uma razão ou por outra. Não desenvolveremos esse tema por fugir ao escopo do trabalho.)

Cada língua é um universo diferente. Aprender uma língua envolve a aquisição e a compreensão de uma forma específica de ver, nomear e organizar o mundo. Por exemplo, em português, a cor azul, além da própria cor, tem seu sentido ligado a sensações positivas, alegres. Quando alguém pergunta "Tudo azul com você?", certamente não pergunta sobre suas tristezas. Mas, em inglês, não é bem assim. O sentido da cor azul (*blue*) está associado à tristeza, a tal ponto que a música de lamento criada pelos afro-americanos, cujas letras relatam suas dores e tristezas, chama-se *blues*.

Por isso mesmo, aprender uma língua é simultaneamente conhecer os universos cultural, social e individual dos quais essa língua fala. Ou seja, a língua diz bem mais do que se pensa. Não é somente um instrumento de comunicação. Ao aprender uma língua, conhecemos como se organiza o campo de significações que ela reflete, tanto do indivíduo (campo da psicanálise) quanto de uma comunidade lingüística (campo da sociolingüística).

No entanto, a linguagem é resultante da faculdade simbólica do homem. O símbolo é o que representa alguma coisa ausente. Por exemplo, se o presidente de uma empresa precisa faltar a uma solenidade, seu lugar ficará vazio. Para isso não acontecer, ele envia um representante para suprir sua ausência. O representante não é o presidente, está apenas em seu lugar. Esta *é* a função do símbolo: representa a coisa (ou pessoa), mas não é a coisa (ou pessoa) representada.

A possibilidade de simbolizar é praticamente inexistente nos animais. É claro que eles (umas espécies mais que outras) têm memória, inteligência, afetividade, e mais uma infinidade de atributos humanos, principalmente aqueles que moram conosco, nós, seres simbólicos. Mas os animais não mudam a natureza: seguem seu curso segundo seu instinto, tal como está em sua programação mental desde que foram gerados. Animais não constroem (e destroem) civilizações. Não mudam nada: estão, parece, satisfeitos de ser do jeito que são. Animais não se expressam por meio de uma língua articulada, simbólica e criativa como a dos homens. Nossa linguagem é um sistema aberto, sempre em progresso.

Por outro lado, animais comunicam-se entre os da sua espécie com o auxílio de competentíssimos sistemas de comunicação, fechados e binários. Esses sistemas não falham: não são ambíguos. Cada sinal corresponde a um único significado, que será assim interpretado por todos da mesma espécie. O funcionamento binário implica tão-somente uma leitura: um para um, com a mesma precisão dos computadores, como dissemos acima.

Diferentemente dos animais, a programação mental humana é incompleta. Seu sistema de comunicação é aberto porque o ser humano não é binário: é múltiplo e a linguagem que inventa comporta, como ele mesmo, uma falha. É ambígua, há flutuações contínuas nos sentidos das palavras — equívocos, deslizes de sentido, lapsos de língua, chistes, atos falhos, jogos de palavras, ficções, repetições, lapsos de memória, rasuras, lacunas, erros, tropeços. A linguagem humana carece do operador binário que põe tudo em ordem, que transforma o caos em um sistema de comunicação infalível.

A verdade de nossa linguagem é inacabada e inominável — é inatingível. À linguagem humana falta verdade eterna. Por isso mesmo, a palavra, se nos revela, também nos oculta em sua opacidade. Resta ao homem se esgarçar no espaço da linguagem.

Fonte de inúmeras conseqüências existenciais para nós, a origem dessa pequena diferença entre os homens e os animais — o fato de os humanos serem dotados para a linguagem — é alvo de algumas hipóteses. Segundo a teoria darwiniana da evolução das espécies, muito provavelmente alguma mutação genética aconteceu na passagem do primata mais avançado na linha da evolução para a espécie *Homo sapiens sapiens*. Quem sabe essa mutação genética é justamente esse "erro", essa "falha", essa "falta" em nossa programação mental?

Pois justamente essa falha exigiu uma suplência: a linguagem, o símbolo. O que nos falta também nos impulsiona: já que falta, inventamos! Inventamos ficções, a ciência, a tecnologia e a arte, construímos e destruímos civilizações, poluímos e despoluímos o meio ambiente, solucionamos e criamos problemas. E nunca estamos satisfeitos, nunca paramos de desejar.

A vocação para o símbolo aparece em todas as manifestações da presença humana no mundo. E a civilização não seria possível sem a linguagem, que se abre para um conglomerado de traços heterogêneos; tão heterogêneos que é impossível estabelecer qualquer causalidade linear no campo de sentido que a linguagem inaugura.

Na faculdade de simbolização que se realiza na linguagem reside a criatividade humana, o desejo jamais satisfeito, a ambição, a vontade de poder, a vaidade, o amor, a generosidade, as paixões tristes e alegres. "Ser homem é ser insatisfeito", disse o poeta português Fernando Pessoa, com toda a razão dos poetas. Como sempre nos falta alguma coisa, sempre se pode utilizar o símbolo como tentativa (fracassada) de preencher esse vão — cuja natureza conhecemos muito precariamente. Daí nossa inquietação, nosso desconforto, nossas dúvidas, nosso "mal-estar na civilização".

Freud e a estrutura da linguagem no inconsciente

Como vimos, as relações entre a linguagem e a psicanálise são as mais estreitas. Embora Freud não tenha erigido uma teoria da linguagem propriamente dita, a linguagem permeia toda a sua obra.

Em 1881, Joseph Breuer, médico que, como Freud, trabalhava na direção da cura da histeria, relatou uma anedota de uma de suas pacientes histéricas, Anna O., pseudônimo de Bertha von Pappenheim. Disse ele que, mesmo sob hipnose, era bastante difícil fazê-la falar. Para designar a especificidade de seu tratamento, ela encontrou uma expressão original: batizou-o de *talking cure* ["cura pela palavra"]. E não é que a paciente acertou na mosca?

Esse aspecto essencial do tratamento que Anna O. descreveu tão bem quinze anos mais tarde chamou-se psicanálise; tudo se passa na e pela linguagem. Nessa época, Freud começava a compreender a "magia" da palavra, que tinha o poder de descartar fenômenos cujo mórbido fundamento se encontrava nos estados psíquicos. Ao falar da afasia — a perda do poder de expressão pela fala, pela escrita ou pela sinalização, ou a perda da capacidade de compreensão da palavra —, Freud acabou por esboçar uma teoria da linguagem.

Em seu texto "Palavras e coisas" (1915), há uma referência à sua antiga monografia sobre afasia, datada de 1891. É razoável supor que Freud teria se inspirado nessa monografia para escrever a parte final do artigo "O inconsciente", porque aí ele já descreve um esquema hipotético do funcionamento neurológico do aparelho da fala.

Em "Palavras e coisas", Freud afirma que uma palavra corresponde a um complicado processo associativo no qual se reúnem elementos de origem visual, acústica e cenestésica (conjunto de sensações internas que produzem bem ou mal-estar). Uma palavra, contudo, adquire seu *significado* ligando-se à representação do objeto — que, por sua vez, é um complexo de associações formado por grande variedade de representações visuais, acústicas, táteis, cenestésicas e outras. A patologia das perturbações da fala está ligada, em sua extremidade sensorial (por suas imagens sonoras), à representação do objeto.

Há três espécies de perturbação da fala: a) a *afasia verbal*, de primeira ordem, na qual somente são perturbadas as associações entre os elementos separados da representação da palavra; b) a *afasia assimbólica*, de segunda ordem, na qual é perturbada a associação entre a representação da palavra e a representação do objeto; e c) a *afasia agnóstica*, de terceira ordem, que ocorre em casos de lesão bilateral, causando perturbações na fala, já que todos os incitamentos ao falar espontâneo provêm do campo das associações de objeto.

O lingüista russo Roman Jakobson, em 1963, debruçado sobre o estudo da linguagem e de tudo que a ela se refere — a linguagem em ato, em evolução, em estado nascente e em dissolução (a afasia) —, retomou o estudo de Freud sobre a afasia.

Na época da publicação de *Estudos sobre a histeria* (1893-5), de Freud e Breuer, mesmo quando ainda utilizavam a hipnose como tratamento para a histeria, a palavra já tinha papel preponderante. No artigo "Comunicação preliminar", eles reconhecem a importância fundamental da linguagem. No caso dos pacientes histéricos, aqueles que sofrem de reminiscências, eles verificaram que cada sintoma histérico individual desaparecia para sempre com a evocação da lembrança do fato que o provocara e com o despertar da emoção que o acompanhava, isto é, quando o paciente o descrevia com detalhes e traduzia a emoção em *palavras*. A lembrança sem a emoção que o fato causou não produz resultado. O processo psíquico deve remontar à sua origem e ser verbalizado.

Como se vê, a fundação da psicanálise tem sua ligação intrínseca com a linguagem e uma parceria fundamental com as pacientes histéricas de Freud. Pois, quando a histérica Anna O. pediu-lhe que a deixasse falar em vez de hipnotizá-la, ela convocou uma escuta por parte de Freud e nele encontrou acolhida na palavra. (A esse respeito, é interessante observar que, anos mais tarde, Jacques Lacan criaria o neologismo "lingüisteria", que associa a lingüística à histeria inerente ao discurso do analisando.)

Em outras palavras, as pacientes histéricas de Freud fazem fracassar a hipnose e fundam o lugar do analista — e a própria psicanálise — ao fazê-lo mudar a sua técnica: da hipnose ele passa a utilizar a associação livre. Dessa forma, Freud percebe que seus pacientes tinham um tipo de fala lacunar, partida, sem a seqüência de causalidade esperada na fala comum. Eles utilizavam uma sintaxe na qual faltavam palavras em razão da impossibilidade de o paciente dizer toda a sua intenção semântica — dizer sobre seu desejo, enfim.

A psicanálise nasce com o propósito — uma insistência de Freud — de desrecalcamento que advirá pela fala. Esta põe em exercício o mecanismo que rege o funcionamento da linguagem, em tudo similar ao dos sonhos: a condensação (a metáfora) e o deslocamento (a metonímia), tal como descritos na *Interpretação dos sonhos* (1900), em que Freud revela ao mundo a existência de uma instância mental sobre a qual o homem não tem controle e afirma que "o homem não é senhor de sua casa" porque está submetido às leis do inconsciente.

O deslocamento e a condensação. Lingüisticamente, a metáfora e a metonímia são figuras de linguagem, alvo de interesse do homem desde sempre. Na *Retórica*, Aristóteles (século IV a.C.) descreve o funcionamento dessas figuras, entre outras, produzidas na linguagem.

Numa definição tradicional, a *metáfora* está associada à *semelhança* de sentidos, consiste numa comparação subentendida, portanto condensada, resumida: projetam-se atributos de um segundo elemento num primeiro. Esses atributos só podem ser projetados se ambos os elementos tiverem algo em comum, pontos de interseção reais ou imaginados. Por exemplo, numa metáfora de Fernando Pessoa, "Meu coração é um almirante louco", em que compara o coração a um almirante louco, há dois conjuntos: o conjunto "coração" e o conjunto "almirante louco". O segundo pode compartilhar atributos com o primeiro: a loucura — o coração do poeta é tão louco quanto um almirante louco / um militar é mais louco que todos os loucos / seu coração é o mais louco de todos os loucos. Portanto, a metáfora é possível, ou seja, é possível projetar atributos. O ponto de interseção é o ponto em que há a condensação de sentido. Um terceiro sentido surge — a loucura que compartilham — a partir do deslizamento dos sentidos dos dois conjuntos.

A *metonímia* está associada à *contigüidade*, e consiste em tomar "a parte pelo todo" (dizer "vela" em vez de "barco"); "o continente pelo conteúdo" (dizer "beber um copo"); etc. Na verdade, a metonímia faz a palavra que designa "deslizar" de uma parte do objeto para outra, que tem uma designação diferente. É claro que, ao designar o mesmo objeto com outra palavra, há um deslizamento de sentido que pode fazer surgir diversos sentidos e associações.

Vale ressaltar que, sendo a linguagem simbólica, tanto o deslizamento metonímico quanto a condensação metafórica acontecem a todo momento na língua, pois são a base para que seu mecanismo (a máquina da linguagem) funcione. A mesma coisa ocorre no sonho. Daí seu aspecto enigmático, muitas vezes absurdo.

Em psicanálise, estudam-se os mecanismos de deslocamento e condensação porque se estudam a linguagem e os processos primário e secundário, modos de funcionamento do aparelho psíquico.

O processo primário caracteriza o sistema inconsciente, no qual a energia escoa livremente, passa de uma representação para outra, segundo os mecanismos de condensação e deslocamento que aí são simultâneos; a energia, livre, reinveste plenamente as representações de desejo. Já no processo secundário, que caracteriza os sistemas pré-consciente e consciente, a energia está atenta antes de escoar de forma descontrolada; as representações são investidas de modo estável; a satisfação é adiada, permitindo experiências mentais que levam a diferentes caminhos de satisfação; finalmente, os mecanismos de deslocamento e condensação produzem-se um de cada vez. Como se vê, a linguagem é a condição do inconsciente ou o inconsciente é a condição da linguagem. A linguagem existe porque existe o inconsciente, ou vice-versa. É difícil determinar alguma anterioridade, e provavelmente desnecessário.

O sonho. É por meio dos sonhos — ora tão enigmáticos, ora tão iluminadores, ora apenas um recolho dos "restos do dia" — que Freud abre as portas para o inconsciente. Nas formações do inconsciente — sonhos, chistes, atos falhos e sintomas — o recalque vai-se manifestar. É fato que o sonho é a realização do desejo inconsciente. Mas o desejo nem sempre se apresenta claro: muitas vezes de modo inverso, contraditório e enigmático. Ele clama por investigação e decifração.

Sonhos são atos psíquicos que têm sentido e intenção para o sonhador, apesar de parecerem estranhos, incoerentes ou absurdos. Isto acontece porque a linguagem dos sonhos é arcaica: os contrários podem ser representados pelo mesmo elemento, a seqüência temporal da vigília não existe, os conceitos são ambivalentes e podem englobar significados opostos.

Nos sonhos, há certos elementos que não devem ser interpretados, pois têm a função de estabelecer o significado de algum outro. Em suma, a linguagem dos sonhos é o método pelo qual a atividade mental inconsciente se expressa. O inconsciente, porém, fala um dialeto próprio e cabe ao sonhador decifrá-lo.

Na *Interpretação dos sonhos* fica claro que um sonho pode sofrer inúmeras interpretações, que cada elemento do sonho é uma representação e — mais ainda! — que, pelo seu processo de formação, não se pode atribuir um significado definitivo e último a um sonho ou a uma parte dele. Quando se submete o sonho à interpretação, descobre-se que a disposição errática e irregular de suas partes não tem a menor importância para sua compreensão. Os elementos essenciais do sonho são os pensamentos oníricos que têm significado, conexão e ordem. Essa ordem, entretanto, é diferente da que é lembrada no sonho manifesto. Os elementos do sonho, à parte de serem condensados, quase sempre são dispostos numa nova ordem, mais ou menos independente de sua disposição primitiva. Isso quer dizer que o material original dos pensamentos oníricos é submetido à influência da revisão secundária, cuja finalidade é livrar-se da desconexão e ininteligibilidade produzidas pela elaboração onírica e substituí-las por um novo significado, que não é mais o dos pensamentos oníricos.

A revisão secundária é um exemplo da natureza e das pretensões do sistema consciente: existe em nós uma função intelectual que exige unidade, conexão e inteligibilidade de qualquer material da percepção ou do pensamento que caia em seu domínio, e se não pode estabelecer uma conexão verdadeira, não hesita em fabricar uma falsa. O que recordamos do sonho é seu conteúdo manifesto; ao interpretar os sonhos, somos levados aos pensamentos oníricos latentes, representados no conteúdo manifesto. A elaboração onírica (cuja função é manter o sono ao representar um desejo, proveniente dos pensamentos oníricos, realizado de forma alucinatória) é o processo que transforma os pensamentos oníricos latentes em conteúdo manifesto. É ela que traz à luz o processo de condensação (de idéias) e de deslocamento (ênfase psíquica que passa de uma idéia para a outra). A censura, com a intenção de evitar o desprazer, decidirá se uma idéia surgida na mente pode ou não chegar à consciência.

Em resumo, interpretar um sonho é traduzir determinado pensamento da linguagem dos sonhos (os pensamentos oníricos latentes) para a fala, cientes de que a interpretação a que se chega é apenas uma das possíveis e não a definitiva. No entanto, é uma via para o conhecimento do material inconsciente.

As parapraxias. Falando sobre a linguagem em "O interesse científico da psicanálise" (1913), Freud insiste no tema e estende o sentido da fala: observa que ela significa a expressão do pensamento por palavras, gestos, escrita, enfim, todos os métodos pelos quais a atividade mental pode ser expressa. Afirma que a psicanálise faz interseção com vários campos do conhecimento e pode revelar inesperadas relações entre essas áreas e a patologia da vida mental. Há, por exemplo, fenômenos que podem ser observados em pessoas normais, como os sonhos, que vimos acima, e as parapraxias.

Falhas no aparelho psíquico em pessoas normais, as parapraxias são o esquecimento de palavras, de nomes, do que se pretendia fazer, lapsos de língua e escrita; guardar objetos em lugares errados e ser incapaz de encontrá-los; perder objetos e cometer enganos em assuntos que conhecemos bem. Para Freud, são fenômenos que têm significado e intenção. Apesar de aparentemente involuntários, têm motivos válidos que podem ser descobertos sob investigação analítica.

As parapraxias servem a propósitos definidos que, devido à situação psicológica predominante, não podem ser expressos de outra forma. Via de regra, elas envolvem conflito psíquico: tanto podem surgir para evitar o desprazer como podem trair as intenções que se deseja ocultar.

Nos lapsos de língua, por exemplo, sucumbimos à transposição de fonemas (dizer "ivorregável" em vez de "irrevogável", por exemplo), amalgamação (isto é, mesclar sílabas: o falante quer dizer "creme" e diz "cleme", mesclando as palavras "creme" e "clima", por exemplo) e *distorções* (dizer "pêsames" quando deve dizer "parabéns"). A formação de substituições e contaminações nos lapsos de língua é o começo do trabalho de condensação encontrado em atividade febril no sonho. O lapso de língua, que se aproxima do chiste, tem efeito revelador: pode trair o falante ou dar ao ouvinte uma orientação quanto ao sentido real do que o falante diz, pois, por caminhos incomuns, por meio de associações externas, os pensamentos inconscientes acabam encontrando sua via de escoamento.

Os chistes. A importância que Freud atribui aos chistes o fez dedicar a eles um volume inteiro de sua obra: *Os chistes e sua relação com o inconsciente* (1905). Busca, com o auxílio dos teóricos conhecidos até então, definir o chiste de várias formas. Eis algumas definições: "O chiste é um juízo lúdico" (Fischer); "Fazer chistes é simplesmente jogar com idéias" e "A habilidade de encontrar similaridades entre coisas dessemelhantes" (Jean Paul); "A habilidade de fundir, com surpreendente rapidez, várias idéias, de fato diversas umas das outras, tanto em seu conteúdo interno quanto no nexo com aquilo a que pertencem" (Fischer). É bem verdade que, em grande número de juízos chistosos, encontram-se mais diferenças do que similaridades — e essas definições relacionam-se mais com a habilidade do piadista que com os chistes que faz.

Os chistes também são descritos como "contraste de idéias", "o sentido no *nonsense*", "desconcerto e esclarecimento". Mais ainda, "o chiste é a conexão ou ligação arbitrária, por meio de uma associação verbal, de duas idéias que, de algum modo, contrastam entre si" (Kraepelin). O contraste persiste porque atribuímos às palavras um significado que, entretanto, não lhes podemos garantir. Ou seja, aquilo que num certo momento nos pareceu ter um significado, verificamos, depois do chiste feito, que é completamente destituído de sentido. Eis o processo psicológico, sobre o qual repousa o cômico, que o comentário chistoso provoca: a transição imediata da atribuição de sentido, dessa descoberta da verdade e de suas conseqüências — a consciência ou impressão de nulidade.

O fator de desconcerto seguido de esclarecimento leva à relação entre o chiste e o cômico. Kant afirma que o cômico tem a notável característica de ser capaz de nos enganar por uns instantes. Um exemplo que Freud cita, e Lacan comenta mais tarde, é um chiste que o poeta alemão Heinrich Heine coloca na fala de um de seus personagens: o pobre agente de loteria diz que foi tratado "familionariamente" ("familiar" + "milionário") pelo barão Rothschild. O efeito cômico é produzido após o desconcerto de pensar que o agente de loteria estava errado ao pronunciar a palavra. O esclarecimento advém da compreensão de que ele estava certo!

Outra característica essencial do chiste é a brevidade. O chiste diz o que tem a dizer com um mínimo de palavras; pode-se mesmo ser chistoso sem dizer nada. Não custa lembrar a fala de Polônio, em Hamlet: "Já que a brevidade é a alma do chiste... serei breve".

Para Freud, os chistes têm mais conexão com a caricatura, que se interessa mais pelo que é feio, do que com o cômico, apesar de Fischer tê-los situado entre uma e outro. Se o que é feio foi ocultado (e os chistes devem trazer algo escondido), deve vir à luz pelo modo cômico de olhar as coisas. Se algo é pouco notado, deve ser apresentado e tornado óbvio. Daí nasce a caricatura.

Ao desvendar a técnica dos chistes, Freud observa que ela está diretamente relacionada com o inconsciente. A analogia baseia-se fundamentalmente no processo da elaboração onírica, quando o material dos pensamentos dos sonhos é submetido a uma extraordinária compressão ou condensação, uma característica dos sonhos facilmente reconhecível: basta comparar o texto de um sonho anotado com o registro de pensamentos oníricos. O texto é longo e o registro é sumário. Quanto ao deslocamento, no sonho significa que o material periférico pouco importante pode ocupar posição central e vice-versa.

Os chistes têm conexão com formas de expressão ou técnicas entre as quais a condensação, o deslocamento e a representação indireta são as mais surpreendentes. Sua analogia com a elaboração onírica é a seguinte: a regressão está ausente nos chistes, mas os outros dois estágios da formação onírica — o mergulho de um pensamento pré-consciente no inconsciente e sua revisão inconsciente — podem ocorrer na formação dos chistes. Hipoteticamente, um chiste é formado assim: um pensamento pré-consciente é abandonado por um momento à revisão inconsciente, e o resultado disso é imediatamente capturado pela percepção consciente.

Além disso, apesar da expressão "*fazer* um chiste", sabe-se que ele nos ocorre involuntariamente; não sabemos, nem um segundo antes, que chiste vamos fazer ou com que palavras vamos vesti-lo. Antes do chiste, nos ocorre um sentimento de ausência, de repentino relaxamento da tensão intelectual e, então, imediatamente, lá está o chiste, já vestido com as palavras certas! Um processo bem diferente ocorre com a técnica da analogia ou da alusão: ambas são decisões deliberadas do pensamento.

Finalmente, o chiste é um triunfo público do sujeito do inconsciente em relação ao recalcamento, o qual fica suspenso por alguns segundos. Diferente das outras formações do inconsciente (atos falhos, sonhos, sintomas), que são privativas do sujeito, o chiste é partilhado socialmente, é a única expressão social do sujeito do inconsciente. Sem mencionar o momento de relaxamento e enorme prazer que o chiste provoca em todos; um prazer compartilhado pelo riso e pelo alívio das tensões por parte de quem faz e de quem ouve e entende.

Saussure e a lingüística estrutural

O século XX se inicia sob o primado da lingüística que dominou o século XIX: a lingüística histórico-comparativista ou diacrônica. A ruptura — o "corte sincrônico" — foi efetuada por Ferdinand de Saussure, lingüista natural de Genebra, após a publicação póstuma de seu *Curso de lingüística geral* (1916), uma compilação de suas aulas feita pelos alunos Charles Bally e Albert Sechehaye (que posteriormente consagraram-se como lingüistas de renome).

Em suas aulas na Universidade de Genebra, o recluso e discretíssimo Saussure tratou das questões da linguagem, do discurso (ou fala) e da língua, com rigor teórico e uma metodologia inteiramente nova: tratou a língua sincronicamente, considerando-a um sistema. A sincronia, até então desprezada e negligenciada, ganhava seu lugar. Saussure afirma que "a língua é um sistema no qual todas as partes podem e devem ser consideradas em sua solidariedade sincrônica", ou seja, a língua é uma trama de valores estabelecidos relativa e diferencialmente entre si.

Discutiremos abaixo suas descobertas mais importantes, que foram, nos anos 1960, bastante utilizadas por Jacques Lacan, leitor de Saussure. Quanto a Freud, apesar de ser contemporâneo ao lingüista, não se pode ter certeza de que conhecia seu trabalho. Contudo, é razoável supor que Saussure tenha lido Freud, mesmo que superficialmente, pois este, em 1913, data da morte de Saussure, já era bastante conhecido.

A língua, a linguagem, a fala. Para Saussure, a *língua* é uma estrutura que comporta um sistema de elementos diferentes, relacionados entre si, cuja forma homogênea, abstrata, mental e psíquica o falante registra passivamente. Essa forma só está completa na massa de falantes. Além disso, é a língua que vai forçar o pensamento, caótico por natureza, a precisar-se ao se decompor, pois "nada é distinto antes do aparecimento da língua". Ela funciona como um princípio de classificação, um produto social da faculdade da linguagem e um conjunto de convenções necessárias, adotadas pelo corpo social para permitir o exercício dessa faculdade nos indivíduos.

A *linguagem* é multiforme e heteróclita, pertence tanto ao domínio individual quanto ao social; não se deixa classificar em nenhuma categoria dos fatos humanos, pois não se sabe como inferir sua unidade. Não é a linguagem que é natural ao homem, mas a faculdade de constituir uma língua, ou seja, a língua é um produto social da faculdade da linguagem. Já a *fala* (discurso), ao contrário, é individual e voluntária.

A sincronia e a diacronia. Para Saussure, a *diacronia* pode ser associada à fala, sempre dinâmica, que se produz dentro de um determinado espaço de tempo, no âmbito das sucessividades (tem princípio, meio e fim), análoga a uma visão linear da história dos acontecimentos. A fala, dinâmica e fonte de todas as mudanças, é da ordem da diacronia.

Quanto à *sincronia*, Saussure a associa à estática, visto que exclui o fator tempo. Eliminado o tempo, é possível apreciar os fatos co-ocorrentes da língua e analisá-la como uma teia de relações simultâneas num determinado estado de língua.

O signo lingüístico e seus princípios: arbitrariedade e linearidade. Saussure define *signo lingüístico* como uma entidade psíquica, pois é abstrato, e tem dupla face: o significado (conceito) + significante (imagem acústica ou a "memória do som" na mente do falante / ouvinte).

Os dois princípios que regem o signo lingüístico são a *linearidade* e a *arbitrariedade.*

A linearidade quer dizer que o significante se desenvolve em uma dimensão, uma linha, pois não há como se pronunciar dois sons ao mesmo tempo. O discurso se organiza em uma linha — o que facilmente se comprova pela linha da escrita, por exemplo.

A linearidade do signo lingüístico gera certos constrangimentos para o pensamento, uma vez que para tornar nossos pensamentos conhecidos só temos a linguagem. O problema reside no fato de o pensamento e a linguagem serem de ordens diferentes, em que pese, ainda, a faculdade de a linguagem realizar-se tão-somente no âmbito de uma língua — que se desenvolve em termos de causa e efeito. Entretanto, como se viu acima, o pensamento é pujante, ágil, desorganizado, criativo, caótico, nossa fonte de idéias e soluções, e funciona em termos de "x lembra y que lembra z que lembra... etc." e assim *ad infinitum*, através de associações livres e simultâneas, sem linearidade, muito menos causalidade.

Mas a língua exige causalidade. Para tornar nosso pensamento conhecido para um ouvinte, é preciso restringi-lo a uma linearidade (e a uma causalidade, para que o ouvinte não se perca) que não lhe é natural. É preciso "forçar o encaixe" do pensamento dentro de uma forma que lhe é alheia. E isso tem relação com parte de nossos tropeços na fala e na escrita.

Além disso, a linearidade do signo respeita uma ordem causal que não existe no pensamento, e muito menos no inconsciente. Eis um dos impasses da linguagem: de fato inaugura um campo de sentido, mas de tal forma heterogêneo que impossibilita qualquer causalidade linear.

Apesar de considerar significado e significante inseparáveis, Saussure postula a arbitrariedade existente na própria formação do conjunto significante + significado. Dizendo de outra forma, essas duas categorias, que se constituíram simultânea e solidariamente, como dois blocos complementares, uniram-se de modo arbitrário. A questão é a seguinte: se seus elementos formadores (significado e significante) se encaixam arbitrariamente para fechar o conjunto chamado signo lingüístico, é natural que estejam sujeitos a uma flutuação contínua quanto ao encaixe no signo lingüístico, já que não há encaixe ideal, e muito menos definitivo. Por exemplo, tomemos o signo lingüístico "legal": sua imagem acústica (significante), ou seu conjunto de letras associadas a determinados sons, é a mesma, quer seu conceito seja "o que segue a lei", quer seja a gíria "agradável". Houve, portanto, uma flutuação de sentido. Saussure não seria ingênuo de ignorar esse fato — dos mais comuns e corriqueiros nas línguas naturais faladas.

Ao se dar conta dessa *flutuação* no encaixe entre significante e significado, Saussure acaba mantendo o diálogo aberto com seus pares lingüistas desde a Antigüidade. Se, a páginas tantas, em seu *Curso de lingüística geral* afirma que o liame entre os dois constituintes do signo é indissolúvel (e é indissolúvel naquele momento da coagulação de sentido), páginas adiante nos relata sobre a flutuação. Acontece que Saussure, como estudioso da língua e dos problemas tantalizadores da linguagem, não podia ignorar que, desde a Antigüidade, a conexão entre som e sentido constituiu um sério problema; a própria terminologia de Saussure (significante / significado) foi uma retomada da teoria dos estóicos, na Idade Média. O caráter duplo de qualquer signo, essa "dupla cognição", já havia sido bem assimilada pelo pensamento científico medieval.

O lingüista alemão Wilhelm von Humboldt, por exemplo, já ensinava que existe entre o som e o significado uma conexão aparente, que apenas raramente se presta a uma elucidação exata; muitas vezes é apenas entrevista, e na maioria dos casos permanece obscura.

A decisão por tal porção acústica para tal idéia é perfeitamente arbitrária. O vínculo entre a idéia e o som é radicalmente arbitrário. A arbitrariedade do signo nos faz compreender melhor por que o fato social pode, por si só, criar um sistema lingüístico. A coletividade é necessária para estabelecer os valores, cuja única razão de ser está no uso e no consenso geral: o indivíduo, por si só, é incapaz de fixar um valor que seja.

O valor lingüístico. O exemplo anterior esclarece o conceito de valor lingüístico. Se a língua é um sistema de signos solidários, um sistema de elementos que se relacionam entre si em função de sua diferença, o valor de um resulta tão-somente da presença simultânea de outros. Em outras palavras, não há signo fora do sistema de signos, pois um signo só significa em relação aos outros: arbitrário e diferencial são qualidades correlativas. Em lugar de idéias dadas de antemão, valores emanam do sistema.

Tudo isso equivale a dizer que na língua só existem diferenças. O que é um sistema lingüístico? É uma série de diferenças de sons combinadas com uma série de idéias; essa confrontação de um certo número de signos acústicos com outras tantas divisões feitas na massa do pensamento engendra um sistema de valores atribuídos pela massa falante e pelo próprio falante / ouvinte.

Relações sintagmáticas e relações associativas. Um último conceito, também decorrente do postulado básico de Saussure de a língua ser um sistema de relações solidárias, são as relações sintagmáticas e as relações associativas.

As *relações sintagmáticas* ocorrem na presença do falante e do ouvinte, no nível do sintagma (da frase). O que está sendo levado em consideração é a capacidade de o falante unir sintagmas (prefixos, sufixos, palavras, frases) do mais curto ao mais extenso, pertencentes a sua língua, levando-o à produção de frases. Saussure coloca graficamente essas relações num eixo horizontal, como a linearidade do signo: é o eixo sintagmático, do contexto lingüístico.

O problema é que, assim como tudo que se relaciona com a linguagem, algo escapa. Simultaneamente à produção da frase, dá-se algo à revelia do falante, em ausência, fora do sintagma: são as *relações associativas*. Vêm à mente do falante associações das quais ele geralmente não tem consciência, que escapam a seu controle. Essas associações, numa série mnemônica virtual, podem gerar, por exemplo, um ato falho — alguma associação de ordem inconsciente que se intromete no sintagma, produzindo equivocação, riso, consternação, embaraço, mal-estar. Saussure coloca graficamente essas relações numa linha vertical, à parte da linearidade do signo: é o eixo associativo.

Mais tarde, o lingüista russo Roman Jakobson, a propósito de uma tentativa de elucidar o problema da afasia (sobre o qual Freud já trabalhara, como vimos acima), debruça-se sobre o tema das relações sintagmáticas e associativas, tal como descritas por Saussure. Jakobson afirma que todo signo lingüístico implica dois modos de arranjo: a) a *combinação*, decorrente de o signo ser composto por signos constituintes que aparecem em combinação com outros signos. Uma unidade lingüística serve de contexto para unidades mais simples e/ou encontra seu próprio contexto em uma unidade lingüística mais complexa. Em outras palavras, um agrupamento de unidades lingüísticas liga-as a uma unidade superior. A combinação e a contextura são duas faces da mesma operação; b) a *seleção* entre termos alternativos que se encontram no eixo paradigmático implica a possibilidade de substituição de um pelo outro, equivalente ao primeiro num aspecto e diferente em outro. A seleção e a substituição são duas faces da mesma operação.

Em face desses dois eixos, ao falar tanto concatenamos quanto selecionamos as palavras. Durante a operação de seleção, que se processa em ausência, fora do sintagma, várias palavras concorrem para entrar no sintagma. Às vezes acertamos, às vezes erramos a seleção. Isso se deve ao fato de que as relações associativas não funcionam em termos de causalidade linear, como o sintagma (a frase), que é produzido voluntária e conscientemente; seu funcionamento é similar à seqüência "x lembra y", como já vimos.

Assim acontece nos sonhos e nos chistes, onde a organizada série consciente de causa e efeito não bastará para interpretá-los. Trata-se de produções do sujeito que giram em torno de idéias, ao invés de fluxos narrativos únicos — que são úteis apenas para narrativas ou argumentos lineares. Em última análise, trata-se de ferramentas de associação, à semelhança de um passeio sem rumo consciente pelos corredores da memória. É como pensar, tendo o inconsciente como guia.

Como se vê, a livre associação de idéias como técnica psicanalítica proposta por Freud a seus pacientes encontra respaldo na lingüística de Saussure. Ou será o inverso?

O estruturalismo

O corte sincrônico na lingüística diacrônica do século XIX, seu conseqüente rompimento com o historicismo na época já pouco produtivo para a análise lingüística, e as descobertas de Saussure relativas à "língua ser um sistema de signos solidários" vão estabelecer as bases do estruturalismo.

O *estruturalismo* foi o ponto de vista epistemológico, cujo apogeu se deu na França nos anos 60, que nortearia as atividades de pesquisa nos campos das ciências humanas e sociais. Foi o tempo dos contemporâneos a Jacques Lacan e de uma enorme efervescência cultural nos Estados Unidos e nos países da Europa Ocidental, já reerguida após a devastação da Segunda Guerra Mundial. Era a época da luta dos jovens pela liberdade da emancipação feminina, da expansão do rock como linguagem que refletia a rebeldia da juventude, da liberdade sexual, do desenvolvimento das mídias e da bomba informática, que explodiria a partir dos anos 80 principalmente.

A atividade estruturalista parte da observação de que nada significa por si mesmo, que todo conhecimento num dado sistema é determinado por todos os outros conceitos no mesmo sistema e que só será inequívoco depois de integrado em sua estrutura particular. Além disso, toda significação resulta de uma relação: os fatos são parte de um todo e só em relação a ele podem ser apreciados. São essas bases que regem a atividade estruturalista, tão definida quanto as diferenças entre língua e linguagem.

Saussure tinha o objetivo de construir uma lingüística da língua e não da fala. Era o momento de a fala (ou discurso), cujo senhor é o indivíduo, ser questionada. Emergem as questões relativas ao sujeito que produz o discurso, tornando-se impossível separar a subjetividade do discurso. É justamente a época em que se postula o descentramento do sujeito.

Sob essa perspectiva, o estruturalismo recebe a acolhida da geração que tinha como mestres, entre outros, Marx, Sartre e Freud. Com Marx, essa geração aprendeu a conceber o pensamento como um acontecimento que retira da realidade histórica seus motivos e sua força, ou seja, pensar é fornecer estatuto teórico à análise dos movimentos reais da existência para esclarecê-la e transformá-la.

Com Sartre, a geração aprendeu que não há mais essência humana preexistente que unifique o curso dos acontecimentos, ou seja, não há mais subjetividade primeira que seja o lugar da verdade, uma vez que a realidade não é objeto da consciência, mas o lugar de sua emergência e de sua transformação. O existencialismo ateu de Sartre vai justamente promover o homem a articulador de sua própria existência, visto que a essência humana não lhe é dada: ele que a construa segundo os ditames de sua consciência livre.

Com Freud, emerge a ferida narcísica: a revelação da existência do inconsciente faz cair por terra o sujeito centrado na consciência. Ao contrário, o eu está submetido à força inconsciente que determina o modo de existência da espécie humana. A questão inconsciente refere-se à *Outra cena*, heterogênea à consciência por sua própria estrutura. O homem se dá conta de que não é capaz de intervir ativamente em seu destino e de que está imerso em sentidos escorregadios. Em outras palavras, está destinado a se abrigar na linguagem.

O etnólogo belga Claude Lévi-Strauss inaugura a abordagem estruturalista na análise antropológica a partir de sua leitura de Saussure, utilizando as categorias e dicotomias que Saussure usa para erigir sua antropologia estrutural. Se Saussure efetua um corte sincrônico, Lévi-Strauss efetua o descentramento do homem branco, europeu, civilizado, descendente de gregos excepcionais, e faz isso ao desvelar pontos de identificação deste homem com povos "exóticos", com culturas "primitivas", cujos rituais muito se assemelhavam aos dos "civilizados". É o começo de um novo modo de olhar a cultura, com o arcabouço estruturalista.

Seria também o começo de um novo olhar para a psicanálise por meio dos estudos de Jacques Lacan, em franca ascensão nos anos 60. Em uma volta à letra de Freud, dada a sua insistência sobre a importância da linguagem, Lacan pode fazer uso dos lingüistas estruturalistas de sua época e de outras passadas, e afirmar categoricamente que o sujeito é dependente da linguagem. De saída, esse fato dilui a questão da "verdade", visto que a linguagem é criação humana, ficção.

O homem, portanto, gira em torno da língua, sem centro, sem purificação de linguagem que a torne transparente à verdade, sem a promessa de redução da polissemia, sem unidade de sentido. A partir do estruturalismo, a linguagem como discurso torna-se o único testemunho objetivo da identidade de um sujeito, cuja única saída é viver no vigor de sua ambigüidade.

Lacan e a psicanálise: o conceito de sujeito e seu discurso

Os anos 60, entre tantas outras coisas, representaram o ápice do ponto de vista estruturalista, posto que Claude Lévi-Strauss já havia erigido a maior parte de sua obra, inspirado no corte sincrônico e na lingüística de Saussure.

Lacan, ainda não tão famoso, retoma nessa mesma época a letra de Freud. Em outros termos, "o retorno a Freud", para Lacan, significa voltar os olhos à importância crucial que Freud atribuiu à linguagem para a psicanálise, uma vez que o inconsciente está completamente envolvido nela.

Nesse retorno a Freud, Lacan afirma que "o inconsciente é estruturado como uma linguagem", ou seja, funciona segundo as mesmas regras da linguagem, desdobra-se nos efeitos da linguagem. Contudo, Lacan frisa que essa afirmação não é do campo da lingüística, mas da "lingüisteria" ("lingüística" + "histeria"), uma vez que a histeria é sempre inerente ao discurso do analisando.

Lacan percebeu que a psicanálise praticada nos anos 60 distanciava-se cada vez mais de Freud, uma vez que se tornava gradativamente uma espécie de "psicologia adaptativa do sujeito", principalmente nos Estados Unidos.

Lá, apesar de a lingüística ter se iniciado auspiciosamente no século XIX a partir da antropologia, fato que estreitava a ligação entre linguagem e cultura, o behaviorismo domina a análise lingüística por quase toda a primeira metade do século XX. O behaviorismo entra nos Estados Unidos a partir da psicologia, em 1920, quando o psicólogo John Watson importa a teoria do *reflexo condicionado*, criada pelo fisiologista russo Ivan Petrovich Pavlov, muito elucidativa quando aplicada a animais — e para tal foi criada — mas não a seres humanos.

Em seguida, o lingüista Leonard Bloomfield publica *Language* (1933), um manual de lingüística no qual chega a afirmar que "considerando que no discurso humano sons diferentes têm uma significação diferente, conclui-se que estudar a coordenação entre certos sons e certas significações é estudar a língua".

Nada mais reducionista. Nada mais alheio a Freud, que chegou a afirmar que trazia a "peste", referindo-se à revelação do inconsciente. Para Freud, o caminho, por meio da linguagem, em direção ao conhecimento do desejo do sujeito do inconsciente, o verdadeiro dono de nossa casa, é penoso, lento e redunda em "ferida narcísica", segundo suas próprias palavras. Bloomfield se afasta também de Lacan e de todos os estudiosos da linguagem que desde a Antigüidade perceberam a complexidade, o alcance, a ambigüidade, o poder de sedução e de cura da linguagem humana.

Ao considerar apenas a fala, concretamente produzida pelo falante, como objeto de estudo, ignorando o sujeito que a produz, por não ter condições científicas de acesso a suas condições mentais de produção da linguagem, Bloomfield estabelece a linha behaviorista para a análise lingüística.

Trata-se do que se chamou estruturalismo norte-americano, bem diverso do europeu. Esse ponto de vista teve um efeito danoso para o desenvolvimento dos estudos sobre a linguagem, por desprezar os mecanismos mentais de produção da linguagem e do sentido. Além disso, estabelece a lingüística como ciência autônoma de outras disciplinas, uma vez que o paradigma de ciência, no início do século XX, era basicamente de linha empiricista.

O quadro norte-americano mudou quando Noam Chomsky, matemático do Massachusetts Institute of Technology (MIT), foi convidado pelo Departamento de Lingüística do mesmo instituto a criar um programa de computador para tradução — um processo lento e muitas vezes penoso. Para elaborar o programa, Chomsky decide estudar a linguagem, desde seus primórdios.

Ele percebe que os processos de aquisição, produção e compreensão da linguagem são extremamente complexos e que o behaviorismo sequer os tangencia. Desiste de elaborar o programa de tradução e decide tornar-se lingüista, apresentando uma proposta revolucionária para a compreensão da linguagem. A revolução chomskyana, de caráter mentalista, se dá com a publicação de *As estruturas sintáticas*, em 1958. Noam Chomsky efetuou a ruptura da lingüística com o behaviorismo, um ponto de vista empobrecedor para qualquer campo do saber que não seja binário, como é o caso da linguagem humana.

Após essa digressão norte-americana, voltemos a Lacan. Atento aos rumos que a psicanálise da época tomava, Lacan, para quem o inconsciente é estruturado como uma linguagem, pôde usar uma ferramenta que ainda não estava à disposição de Freud: os lingüistas seus contemporâneos, aqueles que se debruçaram para desvendar a estrutura da linguagem, notadamente Saussure. Lacan vai utilizar principalmente a lingüística de Saussure, Louis Hjelmslev e Émile Benveniste, entre outros.

*O significante lacaniano.*Uma abordagem do conceito de sujeito implica, necessariamente, abordar o de significante. Para Saussure, como vimos anteriormente, o signo lingüístico é uma entidade psíquica de dupla face, o significado (conceito) + o significante (imagem acústica), formando um conjunto inseparável até certo ponto. Como um não existe sem o outro, ambos estão circunscritos em uma elipse. Na relação entre os dois emerge a significação, cujo valor será determinado dentro do sistema de signos numa relação entre signos. As setas apontadas para baixo e para cima significam que é indiferente ao resultado (a significação) a troca de lugares.

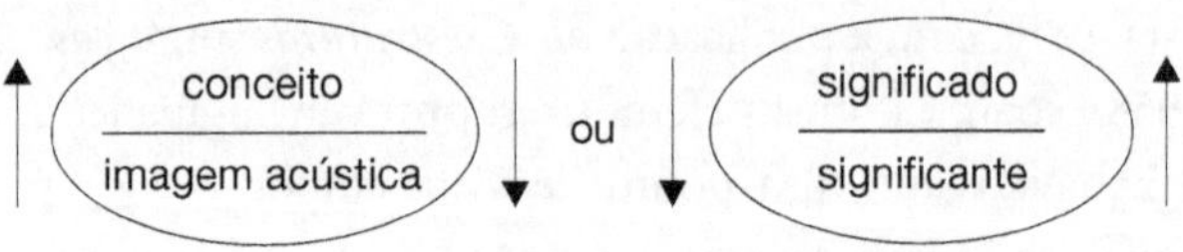

algoritmo saussuriano

Com base em Saussure, Lacan se questiona sobre o sujeito que produz o signo lingüístico: trata-se de um sujeito que fala, submetido à linguagem, à função simbólica. Em outras palavras, um sujeito submetido ao equívoco que a função simbólica comporta, uma vez que a palavra é ambígua.

Lacan utiliza-se do algoritmo saussuriano e postula a diferença entre o significante para a lingüística sausurriana e para a psicanálise. Ele elimina a elipse e quebra a unidade do signo; torna resistente à significação a barra que separa o significante do significado e inverte os termos: o significante deve ficar sempre na parte superior, acima da barra, representado por S maiúsculo; e o significado ficará abaixo, representado por s minúsculo.

$$\frac{S}{s}$$

algoritmo lacaniano

O algoritmo saussuriano indica que a significação é atingida necessariamente, independente da posição quer do significante (imagem acústica), quer do significado (conceito), desde que estejam circunscritos dentro de uma elipse, isto é, desde que se relacionem reciprocamente. As setas mostram exatamente a relação entre significado e significante dentro de um contexto específico.

O algoritmo lacaniano indica algumas diferenças em relação ao de Saussure. Lacan fixa o significante acima da barra. É grafado com maiúscula porque sua presença na fala é prevalente: o falante desliza de significante em significante sem conseguir entender o que fala, alienado que está do sentido daquilo que diz. Por isso mesmo, Lacan torna a barra que separa significante de significado mais grossa, mais resistente ao significado. O falante só consegue "atravessar a barra", ou seja, atingir o sentido do que fala em raros momentos. Por isso mesmo é grafado com "s" minúsculo. Além disso, não há nenhuma elipse que os circunscreva, pois não há "relação" entre significante e significado, como há em Saussure. O significado é atingido por meio da ação imprevisível das formações do inconsciente (sonho, chiste, sintoma e atos falhos). Pode-se dizer que o significante de Lacan engloba o signo lingüístico de Saussure.

Para fazer uma analogia, pensemos na enorme quantidade de frases que dizemos diariamente: será que sabemos o que de fato dizemos? Quantas palavras vazias, sem significado! Na verdade, desperdiçamos palavras simplesmente porque essa é a nossa condição de falantes. Será, portanto, a barra, resistente à significação, que simbolizará para Lacan o desvio do espírito na procura de sentido; a barra simboliza o recalque do significado.

Como vimos com Saussure, a língua é um sistema de relações, criando um enredado comparável a um tecido, à trama de um bordado em que se vão tecendo os pontos. Da mesma forma, quando falamos, pode acontecer, às vezes, de se atingir algum significado, de se dizer alguma palavra plena: neste momento há um "ponto de basta" — para utilizar uma expressão do crochê, também utilizada na linguagem dos estofadores. Trata-se mesmo de um "basta!", ainda que momentâneo, no deslizamento serial e contínuo de significantes, o deslizamento metonímico. Nesse momento, há uma junção mítica, um congelamento metafórico entre significante e significado: o falante atinge algum sentido, alguma verdade sobre si mesmo em sua fala.

A junção é chamada de mítica por Lacan porque nunca logramos atingir a verdade completa — as palavras faltariam a esse conhecimento. Há aí um paradoxo da linguagem: embora ela possa se estender infinitamente, tem o limite de não poder dizer tudo. Só dirá parcialmente, já que a realidade total e o saber estão além de seus domínios e infinita é a nossa ignorância.

Logo após o momento da verdade dita pela metade, volta-se à cadeia de significantes, à qual estamos irremediavelmente presos. Deve-se ressaltar que existe na fala uma função a ser sublinhada sempre: a de indicar o lugar desse sujeito na busca da verdade.

Para Lacan, a definição de significante é diferente da de Saussure, cujo objeto de estudo era a linguagem e não o inconsciente. No âmbito do estudo de Lacan, a definição de significante para a psicanálise — "o significante é o que representa um sujeito para outro significante" — é crucial para a conceituação de sujeito. Ela pode ser abordada na relação entre sujeito e saber inconsciente; entre sujeito e lógica; entre sujeito e castração.

A relação entre o sujeito e o saber inconsciente. Por que e quando será que um sujeito procura a psicanálise? Certamente não será quando tudo está dando certo para ele. A verdade é que o sujeito procura a psicanálise quando acredita que "está dando com os burros n'água" e quer saber o motivo.

Por isso, durante seu percurso psicanalítico, o sujeito demanda um saber sobre si mesmo. Esse saber virá a ele no momento em que lograr escutar a si mesmo e ouvir, em vez de palavras vãs, algo que faça sentido para ele. Esse saber sobre si mesmo lhe chega como equivocação: é quando ele mesmo não se entende, porque diz mais do que conscientemente sabe sobre si.

Na fala cotidiana desse sujeito, repetitiva e congelada em sentidos vazios, mas pregnantes, o sujeito do inconsciente — aquele que, segundo Freud, é o verdadeiro dono de nossa casa — encontrou o seu caminho pela linguagem por meio de suas formações (lapsos, chistes, sonhos e sintomas). Depois que isso acontece, o sujeito já não é mais o mesmo, pois algum saber sobre si mesmo lhe aconteceu.

Isso significa que, para a psicanálise, o sujeito do inconsciente é um efeito do significante, está submetido aos significantes que lhe sucedem: o sujeito está apagado nos significantes que com ele se encadeiam — chama-se a isso "afânise do sujeito". Em outras palavras, o sujeito da psicanálise é um efeito do significante (um efeito da linguagem): ele está sob os significantes e se dirige ao Outro (com "O" maiúsculo) — o inconsciente.

A relação entre sujeito e lógica. Pensemos na seqüência numérica: zero, um, dois, três, quatro... Se há afânise do sujeito, podemos pensá-lo como "zero"; mas, assim, ele se torna impossível, pois zero é o conceito do impossível que ocupa um lugar na sucessão numérica. Há, portanto, uma estreita afinidade entre o sujeito e o zero: o sujeito é rejeitado pela cadeia significante, mas é representado por um significante, pois é nomeado e contado. Assim, o sujeito e o zero asseguram tanto o movimento da cadeia significante quanto o da série de números inteiros. Em outras palavras, a falta sustenta a cadeia.

A relação entre sujeito e castração. Como já vimos, o sujeito é um efeito da linguagem e está afanisado (apagado) na cadeia significante. Para a psicanálise, ser castrado é extinguir-se nesse trabalho de revelação de significantes durante uma vida. A castração, sob essa perspectiva, é um trabalho de proliferação inexorável de significantes sucessivos; é o ingresso num mundo em que se entra já faltoso, apagado sob significantes.

O estádio do espelho. Após o breve esboço sobre o significante do ponto de vista lacaniano, o conceito de sujeito será situado a partir de seu começo, a criança. Partiremos do chamado estádio do espelho (uma descoberta fundamental em Lacan) e dos três tempos do Édipo, articulados aos conceitos de *alienação* e *separação*, o falo e a castração. Seguiremos depois para as letras mínimas da lógica do significante, o lugar da fantasia na constituição do sujeito e a antinomia entre o campo do sujeito e o campo do Outro.

Dos 6 aos 18 meses, quando colocada diante de um espelho, a criança dá grande importância a sua imagem, exibindo uma mímica jubilatória. Nesse ponto, se configuram três etapas: a) a criança reage como se a imagem no espelho fosse a imagem de um outro; b) em seguida, cessa de tratar a imagem como um objeto real no momento em que desiste de pegar o "outro" atrás do espelho; e c) a criança reconhece o outro atrás do espelho como sua própria imagem.

Este é um processo de identificação, de conquista progressiva da identidade de um sujeito. Essa identificação primária será o tronco de outras identificações na vida de um sujeito. Ela é dual (porque há dois termos: criança e imagem) e narcísica, como diria Freud. Para Lacan, trata-se de uma identificação imaginária: a criança identifica-se com seu duplo, com uma imagem que não é ela (a imagem não fala e não vê), mas que está completa e perfeita, daí sua alegria ao juntar seu corpo à imagem. A criança se rejubila porque, na verdade, se sente descoordenada e confusa entre si mesma e a outra pessoa. Sua relação com o outro é alienante porque a criança vê seu corpo como seu duplo.

Essa relação dual, especular, está ligada à sua relação com a mãe: a criança quer ser o complemento da mãe, ser o objeto de desejo, aquilo que lhe falta — o *Falo*. Querer ser o Falo da mãe significa que a criança está alienada de seu desejo: está alienada no desejo da mãe, imersa numa identificação narcísica. Esses são os traços de uma identificação imaginária.

Em resumo, até o segundo tempo do estádio do espelho, a criança localiza o próprio corpo, subjugando-o a sua imagem e ao desejo da mãe. Vale ressaltar que, até então, a criança ainda não entrou no mundo da linguagem, ainda não é simbólica. O que prevalece em sua vida é a percepção de imagens: ela está no campo do imaginário. Só quando a terceira etapa do estádio do espelho — a integração da imagem a seu próprio corpo — é ultrapassada, a criança toma o passo decisivo para sua constituição como sujeito falante: é o acesso à ordem simbólica. Uma vez feito isso, faculta a entrada da criança na linguagem, na cultura, na civilização, na Lei e na relação com o outro.

Lacan, para elucidar o acesso à ordem simbólica, retoma o tema freudiano do Édipo, ou seja, a relação do sujeito com a diferença sexual. A relação de indistinção com a mãe é o primeiro tempo da relação edipiana: a criança crê ser o objeto de desejo da mãe, o Falo. Num segundo tempo, o pai intervém e priva tanto a mãe quanto a criança do Falo. É importante ressaltar que se trata do pai como uma *função*; as ocupações da mãe, seu trabalho ou alguém que ocupe o lugar do pai poderão assumir a posição do pai biológico para cumprir o segundo tempo do Édipo, que significa o encontro com a Lei do Pai. Em outros termos, o pai *tem* o Falo, a mãe *não tem* o Falo e seu filho *não é* o Falo. O terceiro tempo é o da identificação com o pai: nesse momento opera-se a entrada na ordem simbólica — a ordem da linguagem onde há necessariamente três elementos: eu-tu-ele, ou seja, pai-mãe-criança.

A propósito das questões relativas à linguagem, à subjetividade e ao discurso, a linguagem que se realiza dentro de uma língua é aprendida e co-extensiva à aquisição que o homem faz do mundo e da inteligência. A língua que vai fornecer o instrumento de um discurso, no qual a personalidade do sujeito se libera e se cria para, então, atingir o outro. É na linguagem e pela linguagem que o homem se constitui como sujeito; a subjetividade e a consciência de si só podem ser atingidas por contraste, ou seja, o *eu* diante de um *tu*, falando de um terceiro elemento, *ele* (pessoa ou assunto). A linguagem é a única possibilidade de subjetividade.

De volta ao terceiro tempo do Édipo, o papel do pai é o da palavra que significa a Lei, que a mãe deve reconhecer em nome do rompimento da relação dual com a criança, de tal forma que esta possa reconhecer o Nome-do-Pai (ou o "não" do Pai à relação dual mãe-criança).

O imaginário persistirá sem a lei paterna; sem ela, não há possibilidade de entrada na ordem simbólica, na linguagem. Por isso mesmo, ambos, mãe e criança, devem reconhecer a lei paterna: o pai como detentor do Falo e posto em seu lugar. O Falo é o objeto de desejo da mãe e é distinto da criança.

Esta é a castração que Lacan chama de simbólica: o pai corta o idílio imaginário entre a mãe e a criança, distinguindo-a do Falo e separando-a da mãe. A criança, ao aceitar a castração, ultrapassa a relação dual com a mãe e adquire subjetividade: entra no mundo da linguagem com todas as suas vicissitudes.

A pulsão. A linguagem nos vem de fora, dos outros que já estão no mundo; assim se dá com a dinâmica da constituição do sujeito. A fundação do sujeito depende de um ato "paterno" externo à criança, depende do significante vindo do campo do Outro. Esse significante que vem de fora inaugura o sujeito na ordem simbólica, na série de significantes que o representarão.

Embora o Outro (com letra maiúscula) seja o inconsciente, que é o lugar na cadeia de significantes que comanda tudo o que se presentifica no sujeito, o campo do sujeito e o campo do Outro são opostos. Além disso, a dinâmica da constituição do sujeito é essencialmente relativa à diferença sexual. Isso se passa justamente porque no psiquismo não há marcação sexual, não há nenhuma indicação que possa situar o sujeito como homem ou mulher.

Neste sentido, homens e mulheres estão sós na questão dramática no campo do Outro. É dramática porque a sexualidade (a diferença) sempre se manifesta, ou seja, o inconsciente ordena o sujeito a desejar – e o desejo é deslizante, insatisfeito, sempre outro. Mas pulsa até a morte. Por isso, no campo do sujeito, se manifesta a pulsão.

A pulsão se caracteriza por ser uma força constante cujo objetivo é atingir o alvo. O objeto da pulsão (o objeto *a*) é indiferente: qualquer objeto serve porque nenhum serve — o desejo nunca é satisfeito. A satisfação do desejo faz emergir a categoria do impossível — o próprio real, que é o furo estrutural (a falha em nossa programação mental) que os sujeitos falantes portam. Por isso mesmo, o alvo da pulsão retorna ao circuito pulsional. Como não é possível satisfazer absolutamente a pulsão, dizemos que ela é parcial, que os objetos pulsionais representam parcialmente a função que produz desejo. Da parcialidade do circuito pulsional decorre a não-satisfação.

O pulsional presentifica a falta no corpo. E duas faltas aí se recobrem: a falta proveniente de um defeito central do sujeito (o fato de depender de um significante que está no campo do Outro) e a falta real de inscrição sexual.

Alienação, separação e afânise do sujeito. Entre o campo do sujeito e o campo do Outro há uma hiância; nesse hiato acontecem duas operações na relação do sujeito com o Outro.

A primeira operação em que se funda o sujeito é a *alienação*, que o condena a surgir em apenas um lado, em apenas uma divisão — o sujeito aparece ou como sentido ou como ser. Se aparece do lado do sentido produzido pelo significante, como só temos o sentido pela metade, aparece eclipsado sob a função significante. Se aparece do lado do ser, o sujeito desaparece (ou aparece como *afânise*), cai no não-sentido que é o inconsciente. Em última instância, qualquer que seja a escolha do sujeito, há sempre uma perda.

A segunda operação está situada numa interseção, onde há uma forma de hiância (grande fenda ou abertura). É a *separação* que surge no recobrimento de duas faltas: a) a falta que o sujeito encontra no Outro (por não sabermos o que o Outro deseja de nós, ele nos intima ao discurso, em cujos intervalos desliza nosso desejo); e b) a falta que recobre a primeira, quando o sujeito responde à primeira falta com a proposta de seu desaparecimento, sua morte, que permanece na pergunta infantil quando fantasia sua própria morte: "Será que meus pais podem me perder?"

As letras mínimas da lógica do significante: S_1, S_2, $ e pequeno a.
O inconsciente é fundamental para o pensamento freudiano: é o campo do Outro, não está dentro *nem* fora de coisa alguma, mas dentro *e* fora. O inconsciente é pura alteridade que se produz incessantemente, por isso mesmo não podemos conhecê-la toda. O inconsciente vai determinar a postura de cada sujeito ao momento em que ele se abre e se temporaliza no mundo.

Quando um indivíduo nasce, ele nada traz a dizer *a priori*: o que disser virá de fora, algo que nele se projetou — uma marca significante vinda do campo do Outro. Esta marca é o S_1, o significante mestre, a alteridade que faz parte de um campo articulado com os outros significantes, como um modo de arranjo no campo do Outro.

Portanto, o sujeito, além da alienação fundamental — o fato de ser marcado pelo S_1 que vem do campo do Outro —, tem outra alienação: ser marcado por um certo sentido, um certo saber, o S_2. Por isso mesmo, nossa fundação como sujeito falante começa com um empréstimo, dívida impagável, no campo do Outro. Em outras palavras, a fundação do sujeito se dá a partir de um significante sem qualquer sentido (S_1) e um significante que pretende ter sentido (S_2). O sentido de S_1 o sujeito lhe dará, retroativamente, a partir de S_2. Entre S_1 e S_2 surge o sujeito, que ocupa uma posição intersticial.

O sujeito do inconsciente, uma vez que nem S_1 nem S_2 dão conta de representá-lo integralmente, surge como $ (S barrado).

Entretanto, não há relação entre S_1 e S_2, há somente uma amarração. Houvesse alguma relação, o significado seria possível — como o é para a lingüística de Saussure, em que significante e significado (os signos lingüísticos) se relacionam entre si criando uma trama de relações significantes.

Para a psicanálise, podemos apenas *percorrer* o sentido. Para ela, o sentido não é atingido completamente, pois falta a inscrição sexual, que Freud chamou *das Ding* ("a coisa") — porque, como ele bem sabia, não é passível de ser nomeada. Qualquer coisa que se espelhe na falta, jamais será a coisa, já que ela nunca existiu. Se houvesse relação entre um significante e outro, um substituiria o outro e o circuito se fecharia. Mas o significante entra e não tampona, pois algo sempre escapa. Esse algo é o objeto *a*, o objeto que taparia nossa falha estrutural e, como objeto da pulsão, daria o gozo absoluto.

Por isso, o objeto *a*, quando da emergência do sujeito entre S_1 e S_2, sobra. Ele é um resto.

No campo do Outro, há também uma falta: a alteridade. É justamente essa falta de significante no campo do Outro que impede a sutura do sujeito. Se assim não fosse, o Outro seria totalmente cognoscível.

O sujeito e a fantasia. Como já vimos, o sujeito do inconsciente, constituindo-se entre um significante e outro, surge barrado ($) porque nem S_1 nem S_2 darão conta de representá-lo integralmente. A isso, acrescenta-se o fato de que falta um significante no campo do Outro do qual o sujeito do inconsciente depende para se constituir como tal. Desta forma, para se atribuir um pouco de ser, resta ao sujeito o artifício de se colocar como objeto de desejo que se manifesta no Outro. Pois esta é a primeira posição que o sujeito toma em sua fantasia — a de se oferecer como objeto.

Como o objeto absoluto falta e o desejo é indestrutível (como afirma Freud), há de haver um objeto que o represente: é o objeto *a*, do qual falamos acima — o objeto da pulsão. Como ele é indiferente, já que há a falta central entre o sujeito e o Outro, há uma multiplicidade de objetos pulsionais. O objeto *a* será, portanto, a defasagem entre os objetos que o sujeito obtém e seu desejo. Este objeto é algo de que o sujeito há muito se separou, quando se separou da mãe pela Lei do Pai para se constituir como sujeito. Ele surge, então, no lugar da falta central que constitui o desejo e é pura perda.

Presentificada, essa ausência serviria para obturar o furo do real. Por isso mesmo, o objeto a se situa na nodulação dos três registros do chamado nó borromeano: *real, simbólico* e *imaginário*. Ele participa das possibilidades de configurações imaginárias, funciona simbolicamente como elemento substituto e porta o real por ser de impossível apreensão. Desta forma:

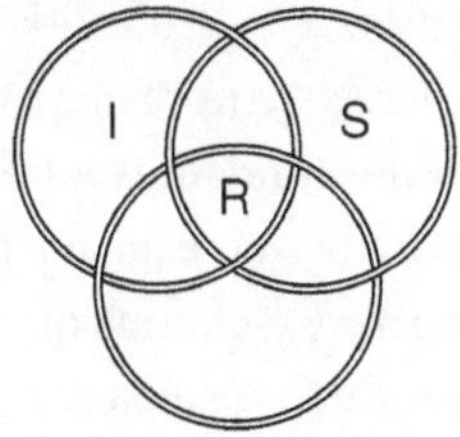

Como real, o objeto *a* pode ser compreendido como furo na tela da fantasia por onde ele escapa, como própria fratura entre sujeito e objeto. Essa fratura corresponde ao primeiro efeito da penetração de significantes no corpo do sujeito. Como há corte no sujeito e falta de objeto, o objeto *a* será o suporte da fantasia, a estrutura mínima de proteção do sujeito em sua fundação.

Para Freud, a fantasia surge como uma teoria sexual infantil, invenção particular a cada sujeito, outorgada pelos significantes do Outro, para fazer face ao real sexual, necessariamente traumático. A fantasia é uma solução para o sujeito diante do enigma do desejo do Outro: com ela, onde há furo coloca-se objeto *a* fantasioso. Por meio da fantasia, o sujeito pode evitar o encontro com o real faltoso, com a falta de objeto, com o que não está inscrito. E, como Lacan afirma, essa falta ôntica no imaginário do falante será preenchida parcialmente pelo simbólico — pela máquina da linguagem: a metáfora e a metonímia. Portanto, são sincrônicas a instalação da fantasia inconsciente fundamental e a instalação dos três registros (real, simbólico e imaginário) no falante.

Essencialmente, a fantasia é simbólica, mas participa tanto do imaginário como do real: o objeto fantasioso é indicado pela imaginarização produzida pelo simbólico, e a falta do objeto comparece sempre no percurso significante.

A fantasia tem valor fundante e é a única realidade para o sujeito, pois ele constrói sua realidade pela via da fantasia, uma vez que ela amortece o choque que o encontro com o real (com a falta) produz no sujeito. A fantasia mediatiza esse choque por meio da linguagem. No processo de constituição do sujeito do inconsciente, a fantasia tem lugar de interseção entre o real e o imaginário; além desse lugar, nada pode ser enunciado — os sintomas, por isso mesmo, se situam na dependência desse lugar. A travessia da fantasia é da ordem do bem dizer o sintoma — é a própria análise.

Palavras finais

A linguagem, como se viu, esteve onipresente nesse trabalho. O postulado lacaniano de que "o inconsciente é estruturado como uma linguagem" significa que o inconsciente segue as leis da linguagem, que não há discurso possível sem a condensação (metáfora) e o deslocamento (metonímia). Isso revela a nossa condição subjetiva, de sujeitos falantes: a submissão ao significante.

Freud, na *Interpretação dos sonhos*, abre a via real ao inconsciente quando dá indicações de que uma imagem tem valor significante — fato que não tem nada a ver com a significação. Ele disse também que, nos sonhos, há o trabalho de condensação — uma estrutura de superposição de significantes — e de deslocamento — meio eficiente de burlar a censura, já que faz uma virada de significação. Em outros termos, a verdade, nos sonhos, se evoca na dimensão do álibi (a metonímia) e o acesso a esse álibi é limitado pela metáfora.

Para a psicanálise, ser falante é estar submetido ao jogo significante até que a morte nos cale. No algoritmo lacaniano, isso fica bem claro: na parte de cima da barra, os significantes desfilam sem cessar — não a palavra plena, mas a palavra vazia — numa alternância entre metáfora e metonímia. Num dado momento, uma palavra plena é dita: quando fazemos uma metáfora com algum sentido, a barra que separa o significante do sentido é ultrapassada. Nesse ponto atingimos um resquício de verdade sobre o sujeito do inconsciente.

Servo da linguagem, o sujeito da psicanálise — o sujeito do inconsciente — é aquele que fala, não aquele que pensa; é o sujeito que deseja, pois o desejo é inseparável do pensamento inconsciente. O desejo que nunca se satisfaz é o de fazer sentido — um desejo impossível. Daí repetir-se incansavelmente, deslizar na cadeia significante, até a morte: o desejo de fazer sentido é o desejo de morte, pois o sentido absoluto é a morte.

No entanto, o inconsciente vocaciona o homem para o símbolo, para a metáfora e para a grande ficção que é a linguagem, que substitui a realidade, criando sempre outra, adiando sempre o sentido. E é sempre da linguagem que o sujeito se vale, porque é a palavra que diz o que somos nos labirintos do logro: lapsos, deslizes, erros. É uma fugaz revelação de uma verdade sempre outra, atravessada por um discurso virtual, no qual apostamos toda a nossa existência, um jogo contínuo de perdição e salvação.

Glossário

arbitrariedade Um dos dois princípios que regem o signo lingüístico, juntamente com a linearidade. Refere-se ao liame entre significante e significado que é arbitrário, convencional, definido pela massa falante.

diacronia Estudo da língua do ponto de vista de seu desenvolvimento histórico. A diacronia está ligada à fala, sofre com a ação do tempo e é germe das mudanças — por isso está associada à lingüística diacrônica.

discurso Conjunto de enunciados que constituem qualquer evento de fala. Para Lacan, se o sujeito já é servo da linguagem, é mais ainda do discurso, no qual já está inscrito desde seu nascimento sob a forma de nome próprio.

letra Para Lacan, é o suporte material que o discurso concreto empresta à linguagem; a letra é toda estrutura da linguagem que se descobre no inconsciente.

linearidade Um dos dois princípios que regem o signo lingüístico, juntamente com a arbitrariedade. Postula que o significante se desenvolve em uma dimensão, uma linha, pois não há como se pronunciar dois sons ao mesmo tempo.

língua Sistema abstrato de signos solidários entre si, subjacente à fala/escrita, usadas por uma comunidade lingüística.

linguagem Faculdade que possibilita aos indivíduos aprender e usar a sua língua. Para Lacan, a linguagem e sua estrutura são preexistentes à entrada de cada sujeito num dado momento de seu desenvolvimento mental.

objeto *a* O objeto causa do desejo, que faz desejar. Ele é simbólico, não existe de fato, mas representa o desejo que, às vezes, repousa em algum objeto palpável — uma pessoa, um trabalho, uma mercadoria — que dá ao sujeito a ilusão de ser o objeto que o tornará completo, satisfazendo seu desejo.

Outra cena A cena que de verdade se passa no inconsciente, uma cena ausente da fala presente entre dois interlocutores.

Outro (com maiúscula) A maneira como Lacan representa o inconsciente; diferente do outro (com minúscula), que representa os sujeitos falantes. Ele vem de fora, e produz alteridade, marca a diferença nos sujeitos.

$ (S barrado) O sujeito do inconsciente, barrado pelo significante. Por isso mesmo, ele é "barrado no baile" da completude de seu desejo, do conhecimento de toda a verdade. O sujeito do inconsciente é incompleto e conhece a verdade não-toda.

significação O resultado da relação entre significante e significado.

significado Para Saussure, uma das partes do signo lingüístico que porta seu conteúdo. Para Lacan, entretanto, o significado é alcançado nos raros momentos em que as formações do inconsciente (atos falhos, chistes, sintoma, sonho) entram no discurso com a palavra plena para, logo depois, voltar à cadeia significante acima da barra.

significante Outra parte do signo lingüístico: a imagem acústica, ou seja, a memória do som para o falante/ouvinte. Para Lacan, o significante é o que Saussure chamou de signo, englobando, pois, som e sentido. O significante lacaniano forma uma cadeia resistente à significação; embora não se relacionem entre si, os significantes formam uma amarração onde o sentido insiste, ainda que nenhum dos significantes consista na significação da qual é capaz naquele momento, pois há um deslizamento incessante do significado sob o significante.

signo Para Saussure, é uma entidade psíquica de dupla face: o significante e o significado.

símbolo Representação arbitrária e convencional dos objetos, sujeitos etc.; aquilo que está no lugar de algo ou alguém.

sincronia Estudo da língua em determinado estado de tempo (por isso a sincronia é associada à lingüística estática), a partir do qual se poderão determinar as relações entre os elementos.

sistema Parte funcional dos signos lingüísticos, uma rede de relações que constituem a organização da língua.

valor lingüístico O signo é arbitrário e diferencial. Sendo assim, seu valor será estabelecido relativamente aos outros signos da língua.

Cronologia

séc. IV a.C. Aristóteles escreve *Retórica*, onde explica as figuras da linguagem: a metáfora e a metonímia.

354 d.C. Nasce santo Agostinho (354-430), pertencente à Escolástica Medieval, maior vulto da filosofia metafísica cristã; escreveu *De magistro*, em cuja primeira parte, "Discussão sobre a significação da palavra", por meio da *quaestio* medieval, demonstra a seu filho de 16 anos, Adeodato, que nada pode ser compreendido ou fazer sentido fora do mundo da linguagem.

1767 Nasce o lingüista alemão Wilhelm von Humboldt (1767-1835), que problematiza a conexão aparente entre som e sentido.

1856 Nasce Sigmund Freud, na Morávia, que faria parte, em 1867, do Império Austro-Húngaro. Hoje, República Tcheca.

1857 Nasce o lingüista Ferdinand de Saussure, em Genebra.

1891 Freud escreve monografia sobre a afasia.

1893 Freud e Breuer publicam *Estudos sobre a histeria*, no qual ressaltam o caráter fundamental da palavra na cura, principalmente no artigo "Comunicação preliminar".

1896 Nasce o lingüista russo Roman Jakobson, que aprofunda e expande as idéias de Saussure.

1900 Publicação de *Interpretação dos sonhos*, em que Freud postula a linguagem como a via para o inconsciente.

1901 Nasce Jacques Lacan, em Paris.

1908 Nasce em Bruxelas o etnólogo Claude Lévi-Strauss, que vai erigir uma antropologia estrutural com base em postulados de Saussure.

1913 Morre Ferdinand de Saussure.

1916 Publicação póstuma do *Curso de lingüística geral*, de Saussure, a partir das anotações de aula de seus alunos Charles Bally e Albert Sechehaye. O *Curso*, ao considerar a língua como um sistema, sem que Saussure tivesse consciência disso, dá início a um novo ponto de vista epistemológico nas ciências humanas e sociais: o estruturalismo.

1933 Publicação de *Language*, do norte-americano Leonard Bloomfield: um apanágio da teoria comportamental aplicada à análise lingüística e, por extensão, à psicologia "adaptativa", um desvirtuamento do ensinamento de Freud.

1935-39 Fugindo de Hitler, o judeu Claude Lévi-Strauss vem para o Brasil e colabora com a fundação da USP. Lá trabalha como professor, tendo feito várias expedições à região central do país. Publica *Tristes trópicos*.

1939 Freud morre no exílio, em Londres. Começa a Segunda Guerra Mundial.

1942-45 Lévi-Strauss exila-se nos EUA e leciona na New School for Social Research. Encontra o lingüista Roman Jakobson, que divulga as idéias de Saussure. A partir daí, dá uma nova base a sua antropologia, que denominou estruturalista.

1950 Lévi-Strauss torna-se diretor de estudos na École Pratique des Hautes Études. Assume a cadeira de antropologia social no Collège de France em 1959, quando também publica *O cru e o cozido*, *O pensamento selvagem*, *Antropologia estrutural* e *Totemismo*, no qual utiliza os postulados de Saussure para descrever as sociedades antropologicamente.

1960 Ponto de ebulição do estruturalismo na França.

1966 Lacan publica *Escritos*. No capítulo "A instância da letra no inconsciente ou a razão desde Freud", comenta, critica, acrescenta e faz uso da definição de signo lingüístico de Saussure.

1981 Jacques Lacan morre, deixando vasta obra com seu ensino: livros, seminários, entrevistas.

1982 Morre Roman Jakobson.

Referências e fontes

• Para o estudo das relações entre linguagem, lingüística e inconsciente, foram consultadas as obras de Michel Arrivé, *Langage et psychanalyse, linguistique et inconscient* (Paris, PUF, 1994) e *Linguistique et psychanalyse: Freud, Saussure, Hjelmslev, Lacan et les autres* (Paris, Méridien/Klincksieck, 1987).

• As questões relativas ao funcionamento da "máquina da linguagem", bem como da patologia da afasia, estão bastante bem descritas em *Essais de linguistique générale*, de Roman Jakobson (Paris, Editions de Minuit, 1963).

• Desnecessário dizer que Freud foi também consultado, na *Edição Standard Brasileira* de suas obras completas (Rio de Janeiro, Imago, 1986). Para o funcionamento do inconsciente, *A interpretação dos sonhos* (vols.IV e V); para os chistes, com uma proliferação respeitável de exemplos, *Os chistes e sua relação com o inconsciente* (vol.VIII); sobre o nascimento da psicanálise, *Estudos sobre a histeria* (vol.II), escrito junto com Breuer; os primeiros estudos sobre a afasia, *Palavras e coisas* (vol.XIV); sobre as parapraxias, *Psicopatologia da vida cotidiana* (vol.VI).

• Voltei a Lacan particularmente no que tange a seu retorno a Freud e conseqüente releitura (que ressalta igualmente a importância da linguagem e acrescenta sua visão, colaborando extraordinariamente para se compreender melhor Freud), em *Escritos* (Rio de Janeiro, Zahar, 1998).

• Ainda com Lacan, utilizei os seminários, em especial os livros *1: Os escritos técnicos de Freud* (Rio de Janeiro, Zahar, 1986) e *11: Os quatro conceitos fundamentais da psicanálise* (Rio de Janeiro, Zahar, 1985).

• Os livros citados nas "Leituras recomendadas" também foram amplamente consultados.

Leituras recomendadas

Além dos livros mencionados na seção anterior, indico abaixo outras obras, todas em português e disponíveis nas livrarias:

Sobre linguagem e lingüística

- Émile Benveniste, *Problemas de lingüística geral I* (São Paulo, Pontes, 1988). Em 1963, já com distanciamento histórico, o autor faz um balanço do desenvolvimento da lingüística, além de insistir no caráter simbólico da língua e da natureza humana.

- Gilles Deleuze, *Diferença e repetição* (Rio de Janeiro, Graal, 1988). Neste livro, Deleuze aborda, entre outras coisas, a questão da repetição associada ao esquecimento, à memória, ao inconsciente; aponta a singularidade da repetição no próprio eterno retorno, concepção inspirada em Nietzsche.

- Luiz Costa Lima, *O estruturalismo de Lévi-Strauss* (Vozes, Petrópolis, 1970). Costa Lima contextualiza o estruturalismo como ponto de vista epistemológico da época e suas reverberações na obra de Lévi-Strauss e na cultura em geral.

- Michel Foucault, *As palavras e as coisas: uma arqueologia das ciências humanas.* (São Paulo, Martins Fontes, 1981).

Neste brilhante estudo de Foucault sobre o homem, é fundamental observar a descrição quanto às relações de dependência do homem e em relação à linguagem.

• Mikhail Bakhtin, *Marxismo e filosofia da linguagem* (São Paulo, Hucitec, 1990). O autor, marxista, faz um interessantíssimo paralelo com Saussure: para este a língua é um objeto abstrato ideal, e a fala é secundária; para Bakhtin, a fala é valorizada, está ligada às condições de comunicação, ou seja, às estruturas sociais.

Sobre antropologia

• Claude Lévi-Strauss, "Introdução à obra de Marcel Mauss", in Marcel Mauss, *Sociologia e antropologia*, vol.I (São Paulo, Edusp, 1974). Brilhante introdução à obra de Mauss onde Lévi-Strauss teoriza sobre o momento da entrada da linguagem no mundo, ou seja, quando o universo, segundo ele, só pode ter começado a significar de um só golpe, e não gradativamente.

Sobre psicanálise

• Juan David Nasio, *Os sete conceitos cruciais da psicanálise* (Rio de Janeiro, Zahar, 1989). Nasio esclarece, para o iniciante, os conceitos básicos da psicanálise, além de fornecer rica bibliografia para aprofundamento posterior.

• Magno Machado Dias, *O pato lógico* (Rio de Janeiro, Aoutra Editora, 1986), e Jean-Baptiste Fages, *Para compreender Lacan* (Rio de Janeiro, Editora Rio, 1971). Ambos para uma iniciação à psicanálise lacaniana.

• Marco Antonio Coutinho Jorge, *Fundamentos da psicanálise de Freud e Lacan*, vol.1 (Rio de Janeiro, Zahar, 2000). Importantíssima elucidação sobre termos, expressões e questões relativas à psicanálise e à linguagem e sua mútua dependência.

Sobre a autora

Leila Longo é carioca. Com graduação e mestrado em letras, ambos pela Pontifícia Universidade Católica do Rio de Janeiro (PUC/RJ), é doutora em comunicação e cultura pela Universidade Federal do Rio de Janeiro (UFRJ). Professora da pós-graduação em jornalismo cultural da Faculdade de Comunicação da Universidade Estadual do Rio de Janeiro (Uerj) — onde dá aulas sobre Estética e Comunicação, Sociologia da Arte e Artes Cênicas —, tem artigos publicados no Rio de Janeiro e em Paris, onde fez parte de seu doutorado, na Universidade de Paris V, Sorbonne.

Psicanálise **PASSO-A-PASSO**

- **O adolescente e o outro**
  Sonia Alberti
- **Mito e psicanálise**
  Ana Vicentini de Azevedo
- **Sonhos**
  Ana Costa
- **Édipo**
- **Psicanálise com crianças**
  Teresinha Costa
- **Freud: criador da psicanálise**
- **Lacan, o grande freudiano**
  Marco Antonio Coutinho Jorge
  e Nadiá Paulo Ferreira
- **A sublimação**
  Orlando Cruxên
- **Freud e a religião**
  Sérgio Nazar David
- **O conceito de sujeito**
  Luciano Elia
- **A teoria do amor**
  Nadiá Paulo Ferreira
- **Histeria: o caso Dora**
  Nadiá Paulo Ferreira e
  Marcus Alexandre Motta
- **A interpretação**
  Laéria Fontenele
- **Freud e a cultura**
  Betty Fuks
- **Política e psicanálise**
  Ricardo Goldenberg
- **A psicose**
  Andréa M.C. Guerra
- **Angústia**
  Sonia Leite
- **Linguagem e psicanálise**
  Leila Longo
- **Para que serve a psicanálise?**
- **A transferência**
  Denise Maurano
- **Depressão e melancolia**
  Urania Tourinho Peres
- **Feminino/masculino**
  Maria Cristina Poli
- **Os outros em Lacan**
  Antonio Quinet
- **A neurose obsessiva**
  Maria Anita Carneiro Ribeiro
- **Arte e psicanálise**
- **Cinema, imagem e psicanálise?**
  Tania Rivera
- **Trauma**
  Ana Maria Rudge
- **A paixão**
  Marcus André Vieira
- **Educação e psicanálise**
  Rinaldo Voltolini